AF347193

DE L'EDUCATION

DES SOUVERAINS

OU

DES PRINCES

DESTINÉS A L'ÉTRE,

D E
L'EDUCATION
DES SOUVERAINS,

O U

D E S   P R I N C E S

DESTINÉS A L'ÉTRE;

D I S C O U R S

Prononcé dans la Séance de l'Académie Royale des Sciences, Belles-Lettres & Arts de Rouen,

Du 5 Février 1783.

Par M. BOUCHER D'ARGIS, Conseiller au Châtelet de Paris, Associé-Adjoint de ladite Académie.

Quod si deficiant vires, audacia certe Laus erit, in magnis & voluisse sat est.
PROPERT *Lib.* 2. *Eleg.* 10.

A   G E N E V E ;

Et se trouve à P A R I S,

Chez D É S A U G E S, Libraire, rue Saint-Louis, près le Palais ;

A   R O U E N,

Chez la veuve B E S O G N E & Fils, Imprimeur-Libraires de Monseigneur le Garde des Sceaux, rue de la grosse Horloge, près Saint - Herbland.

M. DCC. LXXXIII.

DISCOURS

S U R

L'ÉDUCATION

DES SOUVERAINS,

O Ù

DES PRINCES

DESTINÉS A L'ÊTRE.

Messieurs,

S'il suffisoit d'aimer les Lettres, & de
sentir le mérite des talens pour être admis
dans un Corps, qui réunit autant de modeles
& de maîtres en tout genre, je me bornerois

A

en ce moment à l'expreſſion de. ma reconnoiſ-
ſance, & je ne ſerois point effrayé d'un avenir
dont tous les inſtans doivent juſtifier la diſtinc-
tion honorable que vous avez daigné m'accorder. Mais comment me flatter d'y parvenir !
Elevé, dès ma plus tendre jeuneſſe, au milieu
de ces études arides, plus propres à glacer
l'imagination qu'à l'enflammer ; oſerai-je jamais
arrêter vos regards ſur les timides efforts de
mon zele ? Oui, Meſſieurs, encouragé par vos
bontés, & ſur-tout par votre exemple, je
viendrai quelquefois, dans le ſein de cette
illuſtre Compagnie, ſoumettre mes Ecrits à vos
Jugemens ; une critique ſage & raiſonnée épu-
rera mon goût, rectifiera mes idées, corrigera
les erreurs de l'amour-propre : tels ſeront
pour moi les avantages ineſtimables du lien
qui va m'unir à vous ; & pour me ſervir des
propres expreſſions, qu'un Académicien de
la Capitale employoit en pareille circonſtance :
S'il ne m'eſt pas permis d'atteindre juſqu'à
votre gloire, j'aurai du moins le bonheur de
la contempler de plus près.

Ils ne ſont plus heureuſement, Meſſieurs, ces
ſiecles barbares où le Magiſtrat, auſtere par
ſyſtême plutôt que par devoir, rougiſſoit du
commerce des Muſes, & les croyoit indignes

[3]

de concourir avec l'exercice de fes auguftes fonctions (1); qu'il feroit à plaindre s'il étoit obligé de s'y renfermer, & la gloire qui l'en-

---

(1) Il n'eft que trop vrai qu'il fut un tems où l'on croyoit qu'un Magiftrat ne pouvoit, fans manquer aux devoirs de fon état, s'occuper des Belles-Lettres ; étrange opinion, qui ne permettoit pas même à l'homme, qui facrifie tout au bonheur public, de fe confoler avec les Mufes, des ennuis de la chicanne. Quelques grands-Hommes ont cru devoir s'élever au-deffus de ce préjugé, d'Aguefeau, Montefquieu, M. le Préfident Bouhier ; & c'eft en parlant de ce dernier, que M. de Voltaire a dit : Il faifoit reffouvenir la France de ces tems où les plus aufteres Magiftrats, confommés comme lui dans l'étude des Loix, fe délaffoient des fatigues de leur état dans les travaux de la Littérature : que ceux qui méprifent ces travaux aimables, que ceux qui mettent, je ne fais quelle miférable grandeur, à fe renfermer dans le cercle étroit de leurs emplois font à plaindre ! ignorent - ils que Ciceron, après avoir rempli la premiere place du monde, plaidoit encore les caufes des Citoyens, écrivoit fur la nature des Dieux, converfoit avec des Philofophes, qu'il alloit au théâtre, qu'il daignoit cultiver l'amitié d'Efopus & de Rofcius, & laiffoit aux petits-Efprits leur conftante gravité, qui n'eft que le mafque de la médiocrité. *Difcours de réception de M. de Voltaire, à l'Académie Françoife, à la place de M. le Préfident Bouhier.*

vironne, fuffiroit - elle pour le dédommage&
des peines & des ennuis qu'elle lui coûte?
Depuis long-tems, Meffieurs, vos temples
s'ouvrent également à tous les ordres de
Citoyens; le Courtifan, le Magiftrat & le
fimple Philofophe s'y réuniffent fans diftinction pour y travailler d'un commun accord,
au progrès des connoiffances humaines, &
les talens font le lien reftaurateur de l'égalité
primitive.

L'amour de l'humanité a guidé mes pre-
miers pas dans la carriere des Lettres; ce
fentiment fera toujours le principal mobile
de mes efforts; il remplit mon âme; il me
donne des droits à votre indulgence, & c'eft
lui qui m'a guidé dans le choix du fujet
important que je me fuis propofé de traiter
devant vous.

Aux difputes frivoles de l'antique fcholafti-
que, ont fuccédé ces grandes queftions, dont
la folution doit tourner à l'avantage de la
Société. Les Académies nationales & étran-
geres (1) ont propofé depuis quelque tems
aux jeunes Littérateurs qui briguent leurs

----

(1) Padoue, Marfeille, &c.

[5]

couronnes , d'indiquer quels font les moyens
les plus propres à faire naître & entretenir
la paffion du bien des hommes dans le cœur
des jeunes gens qui doivent un jour être puif-
fans par l'autorité ou par les richeffes. Quelle
vafte carriere ouverte aux talens & à la Phi-
lofophie! Je n'entreprendrai pas de la par-
courir ; je me bornerai à expofer quel pourroit être le Syftême d'Education d'un jeune
Prince , & de quelle maniere il feroit poffible
de lui infpirer des fentimens de bienfaifance
& d'humanité (1).

––––––––––––––––––––––––––––––––

(1) Il eft une vertu que la Religion enfeigne aux
Souverains, une vertu , capable de faire germer le
bonheur de tous les points de la terre, capable d'em-
bell r , aux yeux de chaque homme, la place dans
laquelle la Providence l'a fait naître ; une vertu qui
fuffit prefqu'au défaut des talens, & qui feule peut
les rendre eftimables, qui diffipe les préjugés attachés
à la naiffance des Princes, & qui rend auffi plus
faciles & plus legeres les obligations qui leur font
impofées, la Bienfaifance ; & Dieu voulut que le
plus doux des fentimens qu'il infpire au cœur humain
fût la noble leçon des Rois & la fource de leur véritable gloire. *Oraifon funebre du Roi Stanislas , par
M. de Boisgelin , Evêque de Lavaur.*

Deux Puiſſances partagent l'empire de l'U-
nivers, l'autorité divine , principe de toutes
les autres , au-deſſus deſquelles elle domine
eſſentiellement , & l'autorité ſouveraine réu-
nie entre les mains d'un ſeul homme ou divi-
ſée entre pluſieurs.

La premiere n'a point d'origine , elle eſt
éternelle , invariable , inaltérable.

La ſeconde eſt le réſultat de la convention
ou de la force, & eſt diverſement qualifiée,
ſuivant les ſociétés qui lui ſont ſoumiſes : ici ,
elle eſt monarchique ; là, démocratique ; ailleurs , ariſtocratique ; plus loin, elle eſt un
compoſé de toutes les autres, ſes nuances
varient à l'infini.

De quelque nom qu'on l'appelle , il s'agit
d'en tirer tous les avantages poſſibles en fa-
faveur de ceux qui y ſont ſoumis, & d'inſpi-
rer l'amour de l'humanité à ceux qui en ſont
revêtus.

O qui pourroit méconnoître ta ſource divine , vertu ſacrée ! qui pourroit dignement
te peindre ! qu'eſt-ce en effet , Meſſieurs, que
l'humanité? C'eſt un ſentiment toujours actif,
toujours renaiſſant, toujours inépuiſable, qui
nous porte à ſecourir nos ſemblables , & à con-
tribuer à leur bonheur. La Religion naturelle,

[7]

quoique altérée par la fuperftition, avoit
fur les Payens un tel empire, qu'elle mettoit
au rang des plus faints devoirs, ceux que la
feule humanité prefcrit ; violer les droits de
l'hofpitalité, repouffer l'infortuné, qui n'avoit
d'autres armes que fa mifere & fes pleurs,
c'étoit outrager les Dieux-mêmes (1).

L'humanité femble, au premier coup d'œil,
être un befoin du cœur, plutôt qu'une vertu,
peut - être en apportons - nous le germe en
naiffant ; mais que d'obftacles, ou l'étouffent
dans fon principe, ou s'oppofent à fes déve-
loppemens ! Que d'écueils fur-tout environnent celui que fa naiffance deftine à un trône !

------

(1) Marc-Aurele rendoit graces aux Dieux d'avoir
toujours fait du bien à fes amis, fans les avoir fait atten-
dre : Je ne puis, difoit ce bon Prince, être touché d'un
bonheur qui n'eft que pour moi.

Saladin laiffa par fon teftament une fomme très-con-
fidérable, dont il prefcrivit la diftribution égale entre
tous lespauvres, Mahométans, Juifs ou Chrétiens ; vou-
lant faire entendre que tous les hommes font freres, &
que pour les fecourir, il ne faut pas s'informer de ce
qu'ils croient, mais de ce qu'ils fouffrent.

Une vertu fupérieure à l'amour de la Patrie, c'eft
l'humanité. *Entretiens de Phocion*, par M. l'Abbé de
Mably. *P.* 121.

Il refpire à peine , & déjà la flatterie affiege
fon berceau , fes moindres caprices font des
ordres abfolus ; Citoyens , Magiftrats , Mi-
niftres , Grands de l'Etat , Princes , tous indif-
tinctement fe profternent devant lui ; on diroit
qu'il eft d'une nature fupérieure à la nôtre,
qu'il eft iffu des Immortels , & qu'il en a tous
les droits ; au milieu du fafte d'une opulence
fans bornes , j'amais le fpectacle de la mifere
ne frappe fes yeux , on l'en écarte foigneu-
fement , il fouilleroit fes auguftes regards, il
ne foupçonne feulement pas qu'il exifte des
miférables. O vous dont la mémoire nous eft
encore fi chere , vous dont le tendre fouvenir
paffera fans être altéré , jufques chez nos derniers neveux , vous dont le nom ne fauroit
être prononcé fans faire verfer des larmes : ô
Henri , l'amour des François ! eft-ce ainfi que
vous futes élevé (1) ? le luxe & la molleffe

---

(1) Henri , né le 17 Décembre 1553 , à Pau , en
Béarn. Il fut élevé dans un Château , parmi les rochers
& les montagnes ; il étoit vêtu & nourri comme les
autres enfans du pays ; fa nourriture ordinaire étoit du
pain bis , du fromage & du bœuf , fouvent même on le
faifoit marcher nuds pieds & nue-tête. Cette éducation
mâle contribua fans doute à lui donner cette trempe

des Cours n'avoient point corrompu vos jeunes ans ; vous aviez connu l'infortune & les befoins : ah fans doute le Ciel avoit mis en vous des vertus ! mais fans vos malheurs, peut-être la France n'auroit eu en vous qu'un Monarque, & point un Pere.

Ne concluons pas cependant qu'il foit impoffible qu'un Souverain aime fes peuples & les hommes fans avoir effuyé des épreuves auffi rigoureufes.

Il eft des moyens plus doux pour lui infpirer des fentimens d'humanité, & lui apprendre que le droit de gouverner les hommes, n'eft autre que celui de les rendre heureux.

De toutes les fonctions publiques ou particulieres, il n'en eft point de plus importante, fans doute, que celle de former l'héritier d'un Empire ; il ne fuffit pas de favoir s'oppofer au progrès des vices dont il menace, de par-

---

d'ame vigoureufe & forte , qui en fit dans la fuite un fi grand homme : il feroit à fouhaiter que nos mœurs nous permiffent d'imiter de pareils exemples. La molleffe » vice ordinaire de notre éducation moderne, en affoibliffant les organes, détruit le principe des grandes chofes, & fait, pour ainfi dire, mourir l'ame, avant qu'elle foit née. *Eloge de Sully* , par M. Thomas.

venir à les subjuguer, de développer, avec ses talens, les qualités, les vertus qu'il annonce ; il faut encore posséder l'art si rare de lui en créer de nouvelles, leur réunion doit être la base & la source de la félicité publique (1).

---

(1) Selon Confucius, qu'on peut, à juste titre, appeller le Socrate de la Chine, la vertu est la base des Empires, & la source d'où découle tout ce qui peut les rendre florissans : il rapporte une belle réponse d'un Ambassadeur du royaume de Xû, à qui l'on avoit demandé, si dans les Etats de son Maître, il y avoit de grandes richesses & beaucoup de pierres précieuses : il n'y a rien, répondit ce Ministre, qu'on estime précieux dans le royaume de Xû, que la vertu.

Ce grand Philosophe s'étend beaucoup sur les obligations des Souverains : Un Roi, dit-il, doit agir avec circonspection ; il doit avoir de la bonté pour son Peuple, aimer ses Sujets comme ses enfans, & faire ressentir les effets de son amour au plus petit comme au plus grand, & par cette conduite, il en sera le pere adoré ; s'il abandonne au contraire la pratique des vertus pour se plonger dans la fange des vices, il s'attirera bientôt la haine & le mépris de ses peuples : ah ! s'écrie Confucius, combien les Rois ont intérêt d'aimer la vertu, leur mouvement détermine celui des peuples ; semblable a celui d'un tourbillon impétueux qui entraîne avec lui tous les globes inférieurs, leurs défauts sont à leur Empire ce

On brigue dans les Cours cet emploi fi honorable , & fi difficile à remplir ; l'ambitieux n'y voit qu'un moyen d'élever fa fortune ; l'avare ne calcule que l'or dont on recompenfera fes foins mercenaires , fouvent la faveur décide du choix , tandis que la vertu devroit feule y conduire : hélas ! c'eft dans les mains d'un Gouverneur, que repofent , & les deftinées du Prince fon Eleve , & celles des Peuples.

L'héritier d'un Trône eft de tous les hommes celui dont l'éducation eft plus fufceptible, que toute autre, d'un plan régulier & uniforme ; comme le but eft déterminé, les moyens peuvent l'être , fauf toutefois les nuances qu'exigent la diverfité des caracteres.

C'eft donc à vous que j'ofe m'adreffer en ce moment, à vous que la faveur ou vos vertus doivent conduire aux fonctions fi dangereufes & fi éminentes d'Inftituteur d'un jeune Prince.

Commencez d'abord par infpirer à votre augufte Eleve un refpect profond pour la

---

que font à l'Univers les éclipfes du Soleil ; ils viennent à la connoiffance de tout le monde , & leurs crimes font toujours plus grands que ceux des autres hommes.

Religion ; ſi vous y réuſſiſſez, le reſte vous ſera facile ; il aura, pour vos conſeils, cette docilité qui eſt le fruit de la douceur , il ſera bon pour tous ceux que leurs ſervices appellent auprès de lui ; il ſaura récompenſer leurs ſoins & leur zele , il ſaura ſupporter avec patience & leurs fautes & les contradictions dont le rang ſuprême ne défend pas toujours, & c'eſt ainſi que vous le préparerez à l'exercice de plus grandes vertus.

Que l'étude des Dogmes ſacrés & de la Morale divine ſoit accompagné d'un travail raiſonné ſur l'Hiſtoire des nations. La vérité ne parvient jamais que difficilement aux Rois ; il faut donc, comme l'a dit un Ecrivain moderne, qu'ils aillent juſqu'à elle , & c'eſt dans l'Hiſtoire qu'un jeune Prince trouvera les monumens élevés à la gloire des Titus, des Trajan, des Marc-Aurele, des Louis XII, des Henri. Il verra d'un autre côté Tibere, Néron, Caligula, Charles IX & Louis XI, voués à une exécration qui durera tant qu'il exiſtera des hommes ; ne permettez pas qu'uniquement occupé des faits, il échappe aux réflexions que chacun d'eux peut fournir (1) : la lecture de

____

(1) La lecture réfléchie de quelques Hiſtoires bien

[13]

l'Hiftoire feroit auffi frivole pour lui que celle
d'un roman fans principes & fans morale.
Cherchez avec lui par quelle raifon (1) l'Hif-

écrites, mêlées de réflexions judicieufes faites à propos
fur les caufes des événemens, & fur le caractere & la
conduite des hommes, peut encore être regardée comme
un moyen très-propre pour perfectionner les études;
car l'étude de l'Hiftoire, quand elle eft bien dirigée, eft
un des principaux moyens pour éclairer l'efprit, & perfectionner la raifon, elle tient lieu d'une longue expé-
rience, &c. *Recueil des Mémoires touchant l'Education
de la Jeuneffe. Neuvieme Mémoire. Paris*, 1763. *Page*
214.

(1) On ne fauroit croire l'utilité que l'on peut tirer
de la lecture d'Ouvrages qui enfeignent à faire de folides
réflexions fur la conduite des hommes & fur les motifs
qui les font agir; rien n'accoutume davantage l'efprit à
examiner mûrement les chofes, & à juger fainement de
la qualité d'une action; il eft mille fois plus avantageux,
en lifant l'Hiftoire d'acquérir ce difcernement, fans fe
charger d'une quantité innombrable d'événemens & de
noms, & fans bien pénétrer la caufe de chaque chofe; on
devroit accoutumer de bonne heure les enfans à lire
l'Hiftoire fuivant ce premier efprit; mais au lieu de cela,
il femble qu'on aime mieux qu'ils retiennent une quantité de faits, cela fait plus d'honneur & de plaifirs à un
pere, quand il veut montrer à fa parenté ou à fes amis,
les progrès de fes enfans. *Bayle, Tome premier, page*
148.

toire prononce fi différemment entre les Princes , & dites-lui qu'à l'exemple des anciens
Egipitens (1) , la poftérité libre & impartiale

---

(1) Les Egyptiens avoient une forme de juftice incon-
nue aux autres P uples : auffi-tôt qu'un homme avoit
rendu les derniers foupirs , fon corps étoit traîné aux
pieds d'un Tribunal, où fa mémoire fubiffoit l'examen
le plus févere. Si fa conduite avoit été contraire aux
Loix , fa mémoire étoit flétrie , & on lui refufoit les hon-
neurs de la fépulture , l'une des peines les plus graves
de l'antiquité , puifqu'elle influoit fur le deftin d'une
autre vie ; mais s'il étoit prouvé , que toujours fidele à fes
devoirs , le défunt avoit refpecté les Dieux , les Loix
de fa Patrie & fes Concitoyens , alors on lui faifoit de
magnifiqu s obfeques , & on prononçoit publiquement
fon éloge . c'étoit par un exemple auffi frappant, que les
enfans étoient excités à la vertu ; ils redoutoient ce Tribunal, qui devoit un jour prononcer fur leur mémoire ,
comme il avoit fait fur celle de leurs peres , & la crainte
ramenoit à la vertu , ceux que la foibleffe humaine pouvoit en écarter. Les Souverains eux-mêmes ne pouvoient
fe fouftraire à cette cenfure , toute leur puiffance s'éva-
nouiffoit au moment où ils étoient prêts de defcendre
dans la tombe , & le Prince , devenu l'égal de fes Sujets ,
étoit jugé comme le dernier d'entr'eux : fon corps étoit
expofé dans la place publique , chacun avoit pendant
plufieurs jours , la liberté de venir l'accufer ou le défendre ; & après un certain délai , l'opinion générale fe

juge févérement des Tyrans dont elle n'a plus
rien à redouter ; qu'elle couronne les Titus
& flétrit les Nérons.

Accoutumez votre Eleve à cette fage économie également diftante, & de l'avarice fordide
& de la prodigalité infenfée; vous le préparerez ainfi à ne faire qu'un ufage raifonné des
richeffes immenfes dont il doit difpofer un
jour , il fçaura proportionner l'impôt aux

---

fixoit irrévocablement fur le Monarque ; s'il étoit jugé
coupable , fa mémoire étoit condamnée , & fon cadavre
fans fépulture , étoit abandonné aux bêtes carnivores.
Quel exemple pour fon fucceffeur ! Tomber ainfi du
faîte des grandeurs dans l'abyme de l'ignominie , du
Trône dans la fange ! Auffi Diodore de Sicile remarque-
t-il que l'Egypte fut fagement gouvernée, tant que ce
Tribunal rigoureux fubfifta.

Nous voyons encore à la Chine quelques veftiges de
cet ufage ; les Souverains y fubiffent un jugement févere
fur chacune de leurs actions publiques ou privées, il
eft vrai que ce jugement n'eft connu qu'après l'extinc-
tion totale de la Dynaftie; les Mandarins confervent
fcrupuleufement ce dépôt formidable ; mais il fuffit pour
contenir dans les bornes de la juftice , des Princes qui
favent que leurs propres Sujets ont droit de cenfurer leur
conduite , & de tranfmettre à la Poftérité un monument
inaltérable de leurs vertus ou de leurs crimes.

feuls befoins de l'Etat, & fes peuples n'auront point à lui reprocher des furcharges qu'on a vu quelquefois deftinées à un fafte inutile ou à des jouiffances honteufes.

Rappellez-lui fouvent l'exemple de Staniflas le Bienfaifant; ce héros malheureux appellé deux fois au Trône par les vœux de tout un Peuple, & qui réduit à une foible image de la Souveraineté, trouvoit dans les reffources de fon économie, les moyens d'entretenir une Cour nombreufe, d'embellir des cités, d'ouvrir des afyles aux malheureux & de recompenfer les talens.

Un Politique anonyme (1) qui, pour donner plus de poids à fes opinions, a cru devoir les publier au nom d'un Miniftre refpectable; a remarqué avec raifon qu'un des vices les plus communs de l'Education des Princes provient de cet orgueil qu'on fe plaît à leur infpirer dès l'âge le plus tendre. C'eft ainfi qu'on en fait des Souverains inacceffibles, ou, comme l'a dit un ancien Ecrivain, des Souverains invifibles; mais fi le Monarque ne daigne quelquefois fe

____

(1) Le Chevalier de Mouy, Auteur du Teftament Politique du Maréchal de Belliffe.

rapprocher

rapprocher de ſes ſujets, & même communiquer familiérement avec eux, comment connoîtra-t-il tous leurs beſoins & la ſituation de ſon Empire ? Renfermé dans ſon Palais où il s'enyvrera de ſa fauſſe grandeur, ſans autre talent que celui de la repréſentation, il ſera bientôt mépriſé, ainſi que ces Deſpotes de l'Aſie, qui ſans inquiétude & ſans remords, abandonnent leurs Peuples à la tyrannie de leurs Viſirs.

Dites au jeune Prince, confié à vos ſoins, que le premier des Rois fut un Père adoré, & qu'un Père ſe montre à ſes enfans, qu'il daigne quelquefois deſcendre juſqu'à eux, prendre part à leurs plaiſirs, s'intéreſſer à leurs peines. Ils ſont malheureuſement trop éloignés de nos mœurs actuelles, ces temps où les Souverains aſſis à l'ombre d'un chêne antique (1), ſe fai-

---

(1) Saint-Louis écoutoit quelquefois lui-même les demandes & les plaintes de ſes Sujets. On montroit encore dans le dernier ſiecle un chêne du parc de Vincennes, au pied duquel ce bon Prince venoit s'aſſeoir, & permettoit à tout le monde de s'approcher familierement : » maintes fois ai vu que le bon Saint, après qu'il « avoit oui Meſſe en eſté, il ſe alloit ébaſtre au bois de » Vincennes, & ſe ſeoit au pied d'un chêne, & nous

foient gloire, & peut-être un devoir, d'entendre eux-mêmes les plaintes & les gémiffemens
de l'opprimé ; les détails de la politique & de
l'adminiftration fe font multipliés, ne pouvant
tout exécuter par eux-mêmes, ils ont été con-
traints de confier une portion de leur autorité,
& de fubdivifer à l'infini ce partage de leur
puiffance ; c'eft donc à l'examen de ces pouvoirs fubordonnés & de l'ufage qui en eft
fait, qu'un Souverain doit s'attacher effentiel-
lement ; & comment en fera-t-il inftruit, s'il
ne permet pas au malheureux, à l'homme
perfécuté, d'apporter quelques fois jufqu'au
pied du Trône, fa réclamation contre l'in-
juftice & l'oppreffion ?

Parmi les vertus héroïques ou civiles qui dif-
tinguerent l'un de nos plus grands Monarques,
on chercheroit vainement cette affabilité qui
concilie l'amour des Peuples & les difpofe à
une obéiffance aveugle ; Louis XIV illuftra fon
régne par tous les genres de gloire, la victoire
enchaînée fur fes pas, parut quarante ans

____

[...] faifoit affeoir tout emprès lui, & tous ceux qui avoient
[...] venoient à lui parler fans que aucun Huif-
[...] leur donnât empêchement ». *Hiftoire de*
[...], par le Sire de Joinville.

entiers ne connoître d'autres étendards que les
nôtres ; Protecteur éclairé des arts, il fçut,
pour ainsi dire, en créer de nouveaux ; les
graces abondantes qu'il versa sur les Sçavans ,
firent éclore de tous côtés cette noble émulation qui produisit tant de chef-d'œuvres ; de
toutes parts on vit s'élever de Vastes édifices,
qui, par leur noblesse & leur étendue, paroif-
foient plutôt destinés à l'habitation des Rois
qu'à celle du pauvre & de l'orphelin ; nous
admirons encore , quoique nos regards y
foient accoutumés , ces respectables monumens de son humanité & de sa bienfaisance ;
fous son règne enfin, les talens réunis du
monde entier, fembloient n'avoir plus d'autre
patrie que la France ; mais il dédaigna cette
popularité , qui fait d'un Prince l'idole de fes
Peuples, il crut toujours que la véritable
grandeur d'un Souverain confiftoit à ne fe
montrer à fes Sujets qu'environné de tout l'appareil impofant de la Puiffance, & l'Hiftoire
impartiale remarque qu'aucun malheureux
n'eut la confolation de voir fon Roi s'intéref-
fer à fes peines, & que jamais il n'adreffa la
parole au citoyen indigent (1) , que l'orgueil

----

(1) Ces hommes fimples qui cultivent nos campagnes

des Cours avilit en le qualifiant d'homme du Peuple.

Quels que foient les fentimens d'humanité d'un Prince, on ne fçauroit y croire fans ces fignes extérieurs qui fe manifeftent à la multi-tude ; le courtifan admis dans la familiarité du Monarque, peut exagérer fa douceur & fa bonté, mais tout eft fufpeet dans fa bouche, & l'éloge le plus mérité femble n'être que l'effet d'un penchant naturel à la flatterie : vainement un Prince fe fignale par des établif-femens qui ont pour objet le foulagement de l'humanité malheureufe ; les Peuples accoutu-més à juger févérement tous ceux qui leur

---

ne font-ils pas les enfans du Monarque, comme les heureux habitans de la Capitale ? Ceux qui lui paient le tribut de leurs fueurs, ne méritent-ils pas les mêmes fentimens que des Sujets qui tirent de ces mêmes fueurs le tribut qu'ils verfent à leur tour dans les tréfors du Monarque ?

Henri connoiffoit le prix de ces hommes groffiers ; il les portoit dans fon cœur, comme il y portoit fes Sujets les plus illuftres ; il connoiffoit tous les dangers du luxe, il aimoit à fe montrer avec le cortege le plus fimple ; il paroiffoit plutôt l'ami, que le Roi de ceux qui compo-foient fa Cour : le grand homme repofoit au fond de fon ame. *Des caufes du bonheur public*, par M. l'Abbé de Befplas P. 542,

commandent, n'y voient que des monumens
de l'orgueil, & ne s'occupent même pas de
fes heureux effets, lorfqu'ils font dirigés vers
l'utilité publique. Henri chez le Meûnier de
Lieurfaint, eft plus cher à tout François que
dans les plaines d'Ivry.

Il eft donc utile d'infpirer à un jeune Prince
des idées juftes fur les droits de l'humanité,
elles le conduiront naturellement à la bienfaifance; ce n'eft pas dans le Palais des Rois
qu'on peut en donner les leçons; à peine
l'impreffion des faifons s'y fait-elle reffentir :
comment y connoîtroit-on des fentimens,
qui ne peuvent être que le fruit d'une compa-
raifon profonde & réfléchie ? tout ce qui environne les Grands porte l'extérieur de l'opulence ; mais combien doit être étonnant pour
un jeune Prince, le paffage rapide du fpectacle
d'une Cour brillante à celui d'une chaumière,
dont l'enceinte fragile fuffit à peine pour défendre des injures du temps ? Telle fut la leçon
fublime, & jufqu'à lors fans exemple, qu'ofa
donner au Dauphin, fon Eleve, le véridique &
vertueux Montaufier : il l'arrache à la pompe
des Fêtes & le tranfporte comme par l'effet du
hafard au milieu d'une campagne, dont la
parure ne devoit rien à l'art fi multiplié dans

les jardins de Verſailles; une chaumière frappe les regards du jeune Prince, qui s'étonne que des hommes puiſſent habiter ſous un toît agité par les vents, & prêt à enſevelir ſous ſes débris deux vieillards & leur famille; il oſe néanmoins y pénétrer: *Voyez, Monſeigneur, dit le ſage Gouverneur à ſon auguſte Eleve, c'eſt ſous ce chaume, c'eſt dans cette miſérable retraite, que logent le pere, la mere, les enfans qui travaillent ſans ceſſe pour payer l'or dont vos Palais ſont ornés, & qui meurent de faim pour ſubvenir aux frais de votre table.* Ah! Meſſieurs, n'ajoutons rien à cette leçon, digne de la plus haute Philoſophie. Le Dauphin y répondit par des larmes, & les vôtres prouvent aſſez que les grands exemples ſont infiniment ſupérieurs à la froide expoſition des principes de la morale.

Attachez-vous donc eſſentiellement à étouffer cet orgueil (1) & cet égoïſme, que peuvent

____

(1) Cyrus ne fut point élevé dans le faſte & la molleſſe, on lui apprit qu'il étoit homme, avant de lui faire connoître qu'il étoit deſtiné à gouverner des hommes, & pour lui apprendre à commander, on lui enſeigna d'abord à obéir; on s'applipua ſurtout à graver dans ſon ame les principes de la juſtice, qui eſt la premiere vertu des Rois; il paſſa ſa jeuneſſe dans les Ecoles publiques,

faire naître tout ce qui environne un jeune
Prince ; qu'il ne sache jamais qu'il est destiné
à être Souverain , que vous ne lui ayez dit
auparavant qu'il est homme (1) ; ne permettez

établies chez les Perses pour l'éducation des Citoyens.
Histoire de Cyrus , par Xenophon.

(1) Philippe, Roi de Macédoine , avoit chargé un de
ses Officiers de lui dire tous les matins : *Philippe , sou-
viens-toi que tu es homme.* Quel plus grand exemple
pouvoit-il laisser à son fils ! Heureux ses Peuples & l'U-
nivers , s'il en eût été suivi , & si Alexandre n'eût pas
sacrifié tant d'hommes à la cruelle ambition de devenir
immortel. Un Souverain qui n'oubliera jamais qu'il est
homme, ne se considérera que comme le chef d'une
Société , dont tous les Membres sont égaux , dont il
réunit tous les pouvoirs , & son bonheur sera essentiel-
lement lié au leur.

A ce trait d'Histoire si connu , on en peut joindre
un autre qui l'est peut-être moins , & qui ne sauroit être
rendu trop public. Il honore la mémoire d'un Prince qui
fut cher à la France , & qu'elle regretteroit encore, si
ses vertus ne revivoient dans notre auguste Monarque. Lorsqu'on eut suppléé les cérémonies du Bap-
tême aux trois Princes, ses Enfans, M. le Duc de
Berry, aujourd'hui Le Roi Louis XVI, M. Le Comte
de Provence, & Monsieur le Comte d'Artois, M. le
Dauphin leur fit remarquer que leurs noms étoient
inscrits sur les registres de l'Eglise avec ceux des autres
enfans qui avoient été baptisés avant eux : « vous voyez,

pas non plus qu'on lui prodigue indifférem-
ment ces titres de Grand , d'Augufte, mais
apprenez-lui à les mériter , en lui montrant le
chemin de la véritable gloire ; éloignés de lui
ces vils adulateurs, dont les refpects importuns
éveilleroient dans fon cœur ces fentimens
meurtriers que vous cherchez à en bannir ; la
flatterie eft un poifon moral qui énerve l'ame ,
en détruit tous les refforts , anéantit toutes fes
facultés , d'autant plus dangereux que tout
invite à s'en nourrir ! & qu'il n'eft jamais
offert que fous les apparences trompeufes de
la reconnoiffance , du refpect & de l'attache-
ment le plus légitime. Eh combien il eft important d'en préferver l'enfance ! Admirateur
enthoufiafte de tous les caprices d'un jeune
Prince , le flatteur s'en rend efclave & lui
fournit tous les moyens de les fatisfaire ; heu-

» leur dit-il, que vos noms font ici mêlés & confondus
» avec ceux du Peuple ; cela doit vous apprendre que
» les diftinctions, dont vous jouiffez, ne viennent pas
» de la nature qui a fait tous les hommes égaux , il n'y
» a que la vertu qui met entr'eux une véritable diffé-
» rence, & peut-être l'enfant d'un pauvre , dont le
» nom précede le vôtre, fera-t-il plus grand aux
» yeux de Dieu que vous ne le ferez jamais aux
» yeux des Peuples. »

reux encore fi cet empreffement n'a pour objet que des goûts frivoles ; heureux s'il fe contente de louer en lui les avantages de la nature , fon adreffe dans les exercices du corps , fes talens pour les Sciences & les Arts : mais bien plus perfide , le flatteur applaudit à toutes fes erreurs , & fait leur prêter les couleurs de la fageffe & des vertus ; il écarte d'un jeune Prince la timide raifon , la modefte verité , qui s'efforcent d'en approcher ; il lui rend odieux tous ceux qui voudroient lui en faire entendre le langage ; il appelle les paffions à fon fecours , il les lui préfente fous les formes les plus féduifantes ; rien n'eft vil pour lui , s'il parvient à corrompre un cœur facile , qu'il eft fûr de dominer , en lui prêtant la baffeffe de fon miniftere , pour fuivre le torrent des vices qu'il lui a communiqués (1).

____

(1) M. le Duc de Montaufier n'a jamais voulu fouffrir que le Dauphin lût les Epîtres dédicatoires des livres qu'on lui a préfentés ; il lui a défendu cela plus féverement que le Médecin les viandes les plus pernicieufes, étant perfuadé qu'il n'eft rien qui gâte davantage un jeune efprit que ces louanges prématurées dont les Auteurs font fi prodigues : on ajoute que ce fage Gouverneur , ayant une fois furpris fon Difciple occupé à

Mais comment éclairer un jeune Prince sur tous les dangers qui le menacent ? qui le gui-

---

lire une Epître dédicatoire, ne jugea pas à propos de l'en retirer brufquement de peur que le *nitimur in vetitum* ne fit fon effet, il trouva plus utile de rectifier la coujonéture ; & voici comment il s'y prit : ah, Monfieur ! (lui dit-il), que lifez-vous là ? pouvez - vous prendre plaifir à de tels menfonges, ne voyez-vous pas bien qu'on fe moque de vous ouvertement : on dit que vous favez toutes chofes, que votre enfance a plus de lumieres que la vieilleffe des plus habiles, & cent autres méchancetés : pouvez-vous nier que cela ne foit faux ; & en bonne confcience, oferiez-vous avouer que vous poffédez toutes ces belles qualités ? Ayant tiré cet aveu de M. le Dauphin, que c'étoient toutes flatteries infiniment éloignées de la vérité, il conclut fa leçon par lui donner une efpece de colere contre ces flatteurs qui avoient eu affez mauvaife opinion de fon efprit, pour croire qu'il feroit la dupe de leurs faux panégyriques. Un Gouverneur, moins éclairé que M. de Montaufier, auroit fait faire défenfe aux Auteurs de mentir dans leurs Epitres dédicatoires ; mais pour lui, il n'a eu garde d'attaquer une maladie auffi invétérée & auffi générale que celle-là. Les Auteurs font trop incorrigibles pour efpérer de les mettre à la raifon : d'ailleurs quelle apparence qu'ils fe laiffaffent débufquer d'un bien dont ils font en poffeffion. Ils fe battroient *tanquam pro aris & focis*, afin de s'y maintenir ; fi bien que le plus court a été, pour M. de Montaufier, de les laiffer jouir

dera dans la longue route qu'il doit fuivre au
milieu des dangers qui l'environnent de toutes
parts ? L'autorité qui vous eft confiée, fage
Mentor, doit avoir un terme ; ne craignez-
vous pas que, livré à lui-même dans cet âge
dangereux, où la nature femble multiplier
fes efforts contre la raifon, les attraits du
plaifir & les féductions de la flatterie ne cor-
rompent bien-tôt ce cœur que vous avez mis
tous vos foins à former ? Raffurez-vous ; s'il
eft vertueux, il doit vous refter fur votre
augufte Eleve un pouvoir fupérieur à celui
que vous allez quitter, il fera fondé fur l'eftime
& la reconnoiffance : préparez-le donc à ce
fentiment pour lequel nous fommes tous nés,
à ce fentiment qui fait le bonheur de tous
les hommes, au fein de la mifere, au comble
de l'opulence, dans l'etat le plus humble,
comme dans le rang le plus élevé ; à ce fentiment qui double toutes les jouiffances, diminue
toutes les peines; raffemblez autour de lui
tous ceux que vous jugerez dignes, par leurs
vertus, d'être les véritables amis de la Patrie

---

de leur patrimoine, fe réfervant d'empêcher qu'ils n'en
abufaffent au préjudice de M. le Dauphin. *Bayle*, *Lettre*
44 *à M. Minutoli.*

& du Monarque. Dites-lui que l'amitié pure, noble, défintéreffée, lui procurera les moyens de connoître la vérité qui fuira devant lui, & dont on s'efforcera de lui dérober les traces. La louange, fuivant le Chancelier Bacon, eft la réflexion de la vertu, mais ce miroir, fi fouvent infidele, & fur-tout dans les Cours, réfléchit-il également, & les erreurs & les abus de la puiffance ? Dites à votre augufte Eleve que l'amitié n'eft point indigne des Rois, que les plus grands Souverains en ont connu les douceurs ; qu'on a même vu quelques Tyrans s'y laiffer entraîner ; tant il eft vrai que la férocité du caractere n'étouffe jamais entiérement le cri du cœur & celui de la nature (1) !

Gardons-nous cependant de croire que l'amitié d'un Prince puiffe fe fonder, comme celle qui exifte entre la plupart des hommes, fur les rapports de l'âge, des goûts, des caracteres : celui-la feul en fera digne, qui réunira à la pureté des mœurs un défintéreffe-ment à toute épreuve, une franchife fans bor-

____

(1) Sylla fut l'ami de Pompée ; l'ingrat Brutus fut celui de Céfar ; Agrippa, Mécene ont été les amis d'Augufte ; Tibere même eut Séjan pour ami.

[29]

nes à un zele éclairé pour les véritables inté-
rêts du Trône, l'amour de la Patrie à celui
de l'humanité, l'étendue des connoissances à
une intelligence facile : tel fut Sully (1), dont
le nom seul suffit à son éloge, & le Ciel
permit qu'il vécut au même tems que Henri,
pour le bonheur de la France & la gloire de
son Maître.

Quelle politique barbare osa placer la dissi-
mulation au rang des vertus essentielles à un
Souverain ! hâtons-nous de proscrire des maxi-
mes aussi contraires à l'honneur ! l'honneur !
ah s'il étoit banni d'entre les hommes, ce seroit

------

(1) C'étoit auprès de Sully que Henri IV alloit oublier
ses peines, c'étoit à lui qu'il confioit toutes ses douleurs,
les larmes d'un grand homme couloient dans le sein d'un
ami. La franchise guerriere & la douce familiarité affai-
sonnoient tous leurs entretiens ; il n'y avoit plus de
Sujet, il n'y avoit plus de Roi, l'amitié avoit fait dis-
paroître les rangs ; mais cette amitié si tendre étoit en
même tems courageuse & sévere de la part de Sully.
A travers les murmures flatteurs des Courtisans, Sully
faisoit entendre la voix libre de la vérité ; il estimoit trop
Henri IV, il s'estimoit trop lui-même, pour parler un
autre langage ; tout ce qui eût avili l'un & corrompu
l'autre, étoit indigne de tous deux. *Eloge de Sully*, par
M. Thomas. *p. 269.*

dans le cœur des Rois qu'il devroit trouver un asyle (1) : il faut diſtinguer de la diſſimulation cet art de taire des vérités qu'il importe de tenir longtems ſecretes , ces réſolutions d'où dépendent la ſûreté de l'Etat , la gloire du Trône , la tranquilité publique & la deſtinée de l'Empire ; une telle diſcrétion eſt le fruit de la prudence , & il eſt avantageux , ſans doute , qu'un Prince y ſoit formé des ſes plus jeunes ans ; mais la diſſimulation eſt un vice réel, je dirois, preſque un crime, d'autant plus grave , que les Peuples doivent avoir plus de confiance dans la parole de leurs Rois (2).

---

(1) Cette ſentence étoit familiere au Roi Jean ; auſſi Pétrarque, ſon contemporain, l'appelle-t-il, le plus grand des Rois. Étant un jour ſollicité de violer un traité, il répondit : Si la bonne-foi étoit périe par toute la terre, elle devroit ſe retrouver dans le cœur & la bouche des Rois.

(2) C'eſt le Roi qui, dans un Etat, eſt la ſource de toute nobleſſe ; c'eſt lui ſeul qui la donne & c'eſt à lui à la rétablir, s'y elle vient à périr ; comment donc pourroit-il ſe réſoudre à ſe deshonorer par le plus honteux de tous les reproches qui eſt celui du menſonge, & plus encore de la perfidie ? Et comment ſe chargeroit-t-il d'une ignominie qu'aucun homme de cœur ne voudroit s'attirer, & dont il prendroit le

C'eſt avec raiſon , ſans doute , qu'au nombre des horreurs qui ſouillerent Néron, Caligula & Domitien , l'Hiſtoire a mis la diſ-ſimulation , que ces Tyrans oſoient ériger en vertu. Deſpotes farouches , déchirés ſans ceſſe par les remords , tourmentés par la crainte de rencontrer autant de vengeurs de leur oppreſſion , que de Citoyens & de Sujets , ils crurent la diſſimulation néceſſaire à leur conſervation ; elle prépara tous leurs forfaits & leur ſervit de voile (1).

Telle fut encore la politique de cet autre Prince qui eût pu ſe montrer véritablement

---

ſoupçon ſeul pour un affront ? La nobleſſe & la vérité vont enſemble ; il faut que le Prince ſoit autant au-deſſus des Grands , par la ſincérité , qu'il l'eſt par ſa Couronne ; c'eſt à lui à mettre entre ſes Sujets une noble émulation pour la vérité & la candeur ; comme c'eſt à lui à faire naître entr'eux une noble ardeur pour la gloire , il en doit bannir également la lâcheté contraire à la bonne-foi, & la lâcheté contraire au courage. *Inſtitution d'un Prince* , p. 101. *Edition in-4°.*

(1) *Nullam æquè Tiberius ut relatur ex virtutibus ſuis quam diſſimulationem diligebat.* Tacit. Annal. Lib. 4 p. 139. *Adjecit* (Nero) *complexum & oſcula faſtus naturâ, & conjuctudine exercitus , velare odium fallacibus blan-ditiis.* Tacit. Annal. Lib. 14. p. 259.

grand, s'il avoit voulu l'être, de cet ennemi irréconciliable de François Premier, de Charles-Quint, qui, à la honte de la Majesté Royale, se faisoit gloire d'avoir trompé son Emule, chaque fois qu'il avoit traité avec lui, & qui se montroit en toutes les occasions aussi faux & aussi dissimulé, que François s'honoroit d'être franc & loyal (1). Puissent les Annales du Monde n'avoir jamais à reprocher de tels crimes à la mémoire des Rois !

---

(1) On sait avec quelle grossiere & scandaleuse liberté Charles-Quint se vantoit d'avoir abusé de la confiance de François Premier. On rapportoit un jour à Charles-Quint, que François se plaignoit de ce qu'il l'avoit trompé dans une circonstance : Il en a menti le chien d'ivrogne, repartit l'Empereur, je l'ai trompé plus de dix fois : quel langage pour un Souverain !

La foi des Princes, disoit au contraire le magnanime François Premier, doit être toujours sainte, & présupposé même que la corruption fût si générale & si étendue, qu'il n'y eût point de loyauté parmi les Particuliers, encore devroit-elle demeurer inviolable parmi les Princes, ils n'ont que cette seule bride avec laquelle leurs passions portées d'impétuosité par ce large espace que la Souveraineté leur ouvre, puissent être retenues dans les bornes de la justice. *De l'Art de régner, troisieme Partie, p.* 358.

Que

Que l'extérieur d'un Prince annonce donc quels sont ses véritables sentimens : qu'il soit fidele à sa parole, ainsi qu'à ses traités ; qu'il accueille avec bonté l'homme dont il veut récompenser les services, & que ses regards impriment d'avance au coupable tout l'effroi que doit lui causer une juste vengeance : l'intérêt de l'Etat peut exiger quelquefois des précautions, des délais, des ménagemens ; mais un Monarque doit - il jamais s'abaisser à la feinte, & dissimuler jusqu'au point de caresser le traître qu'il est au moment de punir ? Lorsque Henri voulut prévenir les coupables desseins du Maréchal de Biron, quand il crut devoir sacrifier, au repos de ses Peuples, un ingrat qu'il avoit comblé de bienfaits, on ne le vit point redoubler pour lui cette affabilité qu'il témoignoit à tout le monde ; il ne choisit pas, pour s'assurer de sa personne, l'instant d'une fête brillante, dont tous les plaisirs fussent capables d'écarter l'idée d'un ordre aussi rigoureux, il lui ordonna de venir rendre compte de sa conduite, il lui reprocha son ingratitude, il lui offrit son pardon, comme une grace qu'il étoit prêt d'accorder à son repentir, & à l'aveu de sa perfidie, & la seule persévérance du Coupable, détermina ce bon Prince à une févérité qui importoit au falut de l'Etat.

Parmi les devoirs des Rois dont j'ofe efquiffer le tableau, pourrois-je oublier celui d'affurer leur gloire par des négociations honorables, plutôt que par des conquêtes. C'eft dans l'enfance que fe développe communément cette ardeur d'une célébrité meurtriere, & c'eft dans fon principe qu'il faut l'étouffer: Charles XII, qu'on a furnommé le Héros du Nord & qui en fut le fléau, avoit à peine dix ans (1) lorfqu'il annonça ce defpo-

---

(1) A peine Charles XII eut-il quelque connnoiffance de la langue latine, qu'on lui fit traduire QuinteCurce; il prit pour ce livre un goût, que le fujet lui infpiroit beaucoup plus encore que le ftyle. Celui qui lui expliquoit cet Auteur, lui ayant demandé ce qu'il penfoit d'Alexandre: Je penfe, répondit ce Prince, que je voudrois lui reffembler. Mais, lui dit-on, il n'a vécu que trente-deux ans: Ah! reprit-il, n'eft-ce pas affez, quand on a conquis des Royaumes? On ne manqua pas de rapporter ces paroles au Roi fon pere, qui s'écria: Voilà un enfant qui vaudra mieux que moi, & qui ira plus loin que le Grand Guftave! Un jour il s'amufoit dans l'appartement du Roi à regarder deux cartes géographiques, l'une d'une ville de Hongrie, prife par les Turcs fur l'Empereur, & l'autre de Riga, Capitale de la

tifme orgueilleux , qui prétendoit anéantir toutes les Puiſſances pour élever ſon Trône ſur leurs débris. Eloignez donc d'un jeune Prince toutes ces Annales funeſtes, qui ne repréſentent les Souverains que le glaive à la

------

Livonie, province conquiſe par les Suédois depuis un ſiecle ; au bas de la carte de la ville Hongroiſe, il y avoit ces mots , tirés du livre de Job : Dieu me l'a donnée, Dieu me l'a ôtée. Le jeune Prince , ayant lu ces mots, prit ſur le champ un crayon, & écrivit au bas de la carte de Riga : *Dieu me l'a donnée, le Diable ne me l'ôtera pas.* Ainſi dans les actions les plus indifférentes de ſon enfance , ce naturel laiſſoit ſouvent échapper des traits qui marquoient ce qu'il devoit être un jour.

Ces deux anecdotes de la vie de Charles XII prouvent l'importance d'étouffer, dès leur principe, ces germes d'orgueil & ce deſir de ſe ſignaler par des conquêtes ; certainement , ce n'étoit pas de la lecture de Quinte-Curce qu'il falloit nourrir une imagination auſſi bouillante que celle du Roi de Suede ; & ſon pere eût donné à l'Univers un grand exemple, ſi, au lieu d'applaudir à ce deſir prémâturé d'imiter Alexandre , il eût dit à ſon fils que ce Monarque fut le fléau du monde, qu'il ne fut grand que par ſes ravages , & qu'autrefois ſi craint & ſi haï , il eſt aujourd'hui en horreur à l'Univers. Mais il faut, en prononçant ſur la conduite de Charles XI, Pere de Charles XII, nous reporter au dernier ſiecle , & les habitans du Nord étoient alors les ſauvages de l'Europe.

main , montrez-lui , pour lui en infpirer l'horreur , les champs les plus fertiles , abandonnés
de leurs cultivateurs , les moiffons écrafées,
l'habitant des campagnes fuyant au loin fa
chaumiere dévorée par les flammes ; effayez
de lui faire entendre les cris du défefpoir , ceux
des vaincus qui fe confondent avec ceux des
vainqueurs , les gémiffemens du peuple accablé
d'impôts , & privé des alimens les plus nécef-
faires à la vie , pour fubvenir aux frais d'une
guerre , dont il ignore les motifs , & dont il
ne retirera jamais les plus legers avantages ;
montrez-lui les meres , les époufes , les enfans
éplorés , accufant & la Patrie & fon Chef de
leurs pertes communes , dont tous les fuccès
de l'Etat ne pourront les dédommager (1) ,

---

(1) Il feroit à fouhaiter pour le bonheur des Peuples
que tous les Princes , qui font la guerre , commandaffent
eux-mêmes leurs Armées ; obligés eux-mêmes de com-
battre , de vaincre , ils apprendroient à fe mefurer avec
la nature , la fortune & les hommes. Du Sérail de Conf-
tantinople ou d'Ifpahan , un Sultan voluptueux ou fé
roce ordonne le carnage , il fait figne qu'on aille s'égor-
ger fur les frontieres de l'Europe ou de l'Afie : à ce figne
trois cent mille hommes marchent , les villes, les campagnes font ravagées, les villages font réduits en cen-

que laiſſe d'ailleurs après elle cette ſoif homi-
cide d'un pareil genre de gloire , ſinon des
remords , au moins des repentirs ; c'eſt vous
que j'oſe en atteſter , Manes reſpectables d'un
de nos plus grands Rois : voyez-le , Meſſieurs,
cet auguſte Monarque qui avoit donné des
Loix & des Souverains à l'Europe : voyez-le
dans ce moment terrible où s'éclipſe tout
l'appareil de la puiſſance , où l'homme prêt
à paroître devant ſon Juge ſuprême , pro-
mene avec inquiétude ſes regards ſur tout ce
qui l'environne , deſcend dans ſon cœur , s'in-
terroge & s'effraie d'un avenir inconnu : voyez

---

dres , le meurtre ſuccede au meurtre , & les embraſemens aux embraſemens ; cependant le Sultan oiſif dort
dans ſon Sérail , le ſang coule , des Provinces ſont
déſolées pour un ſiecle , & le Sultan dort ; quand on a
vaincu pour lui , on traverſe avec rapidité des Provinces , pour lui apporter des drapeaux enlevés aux
ennemis. Il ſe réveille , il jette un œil ſtupide & calme
ſur ces drapeaux , teints du ſang de vingt mille Janiſ-
ſaires ou Saphis ; il demande le nombre des meurtres,
ordonne que l'on continue & ſe rendort. Bien loin de
cette molleſſe Aſiatique , preſque tous les Monarques
Français , depuis trois ſiecles , ſe ſont toujours montrés
à la tête de leurs Armées. *Eloge de Maurice , Comte de
Saxe.* Par M. Thomas.

Louis XIV , prêt d'exhaler les foibles reftes de la vie ; je le vois , il écarte d'une main tremblante les crêpes de la mort qui s'étendent fur lui , il fait un effort pour ferrer dans fes bras le jeune héritier de fon trône , & pour derniere leçon , je l'entends lui dire : *O , mon fils ! j'ai trop aimé la guerre , on m'a trompé fur le genre de la véritable gloire , chériffez la paix fuivez les bons confeils , & tachez de foulager votre Peuple , ce que je fuis affez malheureux pour n'avoir pu faire.*

Heureufe France tu vas bientôt goûter les douceurs de la paix , préparée par la valeur de tes Guerriers , & la prudence de ton Roi faura la rendre durable ; je vois déjà refleurir à l'ombre de l'olivier , les Lo ix , l'Agriculture, le Commerce , les Lettres , & les Arts : je vois déjà ces citadelles flottantes dont les flancs hériffés vomiffoient au loin le tonnerre & la mort, réfervées déformais à réunir les deux mondes , voguer librement fur une mer devenue plus paifible, s'avancer dans nos ports, y verfer les richeffes de l'Inde , pour y tranfporter enfuite tous les fruits de notre induftrie ; le cultivateur ne craignant plus d'être arraché aux champs qui l'ont vu naître, pourra les fertilifer avec plus de fuccès , de tous côtés la terre fe

montre plus riante, j'y vois renaître l'abon-
dance, elle fe couvre d'une race nouvelle,
qui pour premier figne de fon exiftence,
bégaye aves fes Auteurs, les louanges de fon
Roi, & les chants.de la félicité publique.

Vous partagerez la reconnoiffance des
Peuples, fage Miniftre (1) d'un Prince ami
de la paix ; vous, formé dès long-temps au
grand art des négociations ; vous, déja re-
commandable par deux ambaffades impor-
tantes ; vous qui, toujours vertueux & calme
au milieu des brigues & des factions, n'avez
jamais obéi qu'aux loix de l'honneur ; vous
enfin, qui dans les circonftances les plus diffi-
ciles, n'avez confulté que l'intérêt de l'Etat &
la gloire de votre Maître. Heureufe ma voix,
d'être en ce moment, le premier interprête
des fentimens dont font remplis tous les cœurs !
La France confignera dans fes faftes, cette
époque à jamais mémorable ; & nos derniers
neveux apprendront, par les monumens de
l'Hiftoire, l'heureufe conclufion d'une guerre,
qui ne fut entreprife que pour l'intérêt commun des Peuples de l'Europe ; ils apprendront que la France vous doit le rétabliffe-

______

(1) M. le Comte de Vergennes.

ment de son commerce, l'abaissement de sa fiere rivale, & jusqu'à *l'anéantissement* de ce titre orgueilleux de Mer Britannique, qui sembloit lui en assurer l'Empire; & jouissant encore de vos bienfaits : ils s'écrieront, avec le Chantre de Mantoue :

O Melibæe ! Deus nobis hæc otia fecit.

Je m'arrête, Messieurs, & je sens qu'il faut d'autres talens que les miens pour des objets aussi élevés. Pigmalion, après avoir arraché, d'un marbre grossier, cette divine Galathée embellie encore par l'imagination d'un de nos plus célèbres Ecrivans, s'étonna de ses succès, & s'en plaignit aux Dieux ; & par un sort absolument contraire, sans doute, Messieurs, vous prévenez le reproche que je me fais à moi-même d'avoir répondu d'une maniere aussi foible à l'étendue de mon sujet ; c'est à moi qu'il conviendroit de briser tous les instrumens du génie, j'aurois dû les respecter, vos mains seules en sont dignes. Qu'il me soit cependant permis, en finissant d'être l'organe des vœux de la Patrie, de m'adresser au futur Instituteur de notre jeune Prince, & de lui dire : O vous ! à qui la fageffe de notre Monarque va bientôt confier ce dépôt fi cher à la France, ce rejetton de tant de Rois, cet Enfant deftiné à gouverner le plus brillant Empire de l'Europe, ne vous bornez pas à écarter de votre Eleve tout ce qui pourroit corrompre les heureufes difpofitions de fon cœur ; faites-lui chérir encore toutes les vertus dont il y trouvera le germe ; elles ajouteront à l'éclat de fa Courone : qu'il foit religieux fans intolérance, humain fans foibleffe, bienfaifant fans orgueil, pacifique fans indolence, généreux fans prodigalité, affable fans familiarité, jufte fans dureté ; qu'il aime la vérité, qu'il la cherche, qu'il aille au-devant d'elle, qu'il accueille fans diftinction de rang & de fortune tous ceux qui la lui préfenteront ; dites-lui que l'amour du Peuple eft la récompenfe la plus douce à laquelle un Monarque puiffe prétendre, que cet amour affurera fa gloire & celle de fon Empire, qu'il a fait le bonheur de tous les bons Princes, que leur vie a été exempte de trouble & d'inquiétude, leur vieilleffe de remords, que les regrets des Peuples les ont fuivis jufqu'au-delà du tombeau, & qu'en France, furtout au milieu de ce peuple, qu'on accufe d'être fi

frivole & si léger , il n'est pas un Sujet, qui ne
soit prêt à verser son sang pour défendre celui
de son Roi

F I N.